LETTRES ET POÉSIES

INÉDITES

DE VOLTAIRE

PARIS

Cabinet du Bibliophile

M DCCC LXXII

LETTRES ET POÉSIES

INÉDITES

DE VOLTAIRE

———

CABINET DU BIBLIOPHILE

N° XIII

TIRAGE :

15 exemplaires sur papier de Chine (n^{es} 1 à 15).

15 » sur papier Whatman (n°s 16 à 30).

320 » sur papier vergé (n°s 31 à 350).

___

350 exemplaires numérotés.

N^o

VOLTAIRE

LETTRES ET POÉSIES

INÉDITES

ADRESSÉES A LA REINE DE PRUSSE
A LA PRINCESSE ULRIQUE, A LA MARGRAVE DE BAREUTH

Publiées d'après les originaux
de la Bibliothèque royale de Stockholm

PAR M. VICTOR ADVIELLE

PARIS

LIBRAIRIE DES BIBLIOPHILES
RUE SAINT-HONORÉ, 338

M DCCC LXXII

AVANT-PROPOS

Notre *siècle est tout aux recherches. On fouille les chartriers vermoulus des castels seigneuriaux ; on secoue la poussière sous laquelle gisent* encore ensevelis tant de manuscrits précieux ; on inventorie nos archives, naguère si dédaignées ; on va, aux extrémités du globe, redemander ou copier les pièces enlevées de nos dépôts aux époques de troubles ou par d'insatiables collectionneurs ; l'œuvre des écrivains qui sont l'honneur de notre littérature est revisée, complétée ; et c'est à qui, dans ce travail de reconstitution, apportera le plus de variantes, le plus de feuillets inédits. Les auto-da-fé de 1793 n'ont pas, heureusement, tout anéanti ; chaque jour fait recon-

naître que le mal est moins grand qu'on le sup-
posait d'abord. Un vaste champ est donc encore
ouvert aux explorateurs du passé, et tous y trou-
veront toujours largement à glaner.

Pour ne citer qu'un exemple, combien de lettres
et de poésies de Voltaire ont été retrouvées de-
puis les éditions données par Beaumarchais et
par Beuchot!

Cet écrivain, qui certes n'avait pas besoin de
chercher un éditeur, *n'a point laissé sans doute* [1]
de travaux manuscrits importants ; mais ce que
l'on découvrira à coup sûr, si l'on veut s'en don-

1. Qu'on veuille bien se rappeler, toutefois, que les lettres
de Voltaire à la marquise du Chastelet n'ont pas été publiées.
L'abbé Voisenon dit en avoir vu 8 volumes chez la marquise.— Nous connaissons à l'étranger, chez un particulier
qui refuse impitoyablement d'en laisser prendre copie, 3 volumes de lettres autographes et inédites, adressées par Voltaire à un pasteur protestant. — Voltaire parle lui-même
(lettre du 7 octobre 1752) de manuscrits qui lui avaient été
volés à Paris, et parmi lesquels se trouvaient des matériaux
sur les progrès des sciences et des arts dans différents pays,
et des traductions en vers de plusieurs poëtes italiens, es-
pagnols et orientaux. — On sait aussi que dans ses dernières années il avait composé un *Almanach du Cultiva-*
teur, dont le manuscrit n'a point encore été retrouvé. —
Les dépôts publics et les collections royales de Berlin et de
Saint-Pétersbourg possèdent encore une notable partie des
papiers de Voltaire, comme le témoigne, entre autres
travaux, l'ouvrage de M. Léouzon Le Duc, intitulé : *Vol-*
taire et la Police. Paris, 1867, in-12.
Plusieurs poésies de Voltaire, qui sont connues et im-
primées, ne figurent point encore dans ses œuvres com-
plètes. Nous citerons, entre autres, le couplet dont Voltaire

*ner la peine, ce sont ces riens de la pensée, —
lettres, poésies — que le philosophe de Ferney
adressait, chaque jour, à ses correspondants, et
dont* un grand nombre, *mentionnés pourtant, n'ont
pu encore être recueillis.*

Il faudrait aussi collationner avec soin, d'après les originaux, la correspondance de Voltaire, et relever, pour une future édition, les passages omis et les variantes, souvent notables, qui existent entre le texte autographe et le texte imprimé. Nous n'avons, en effet, qu'un texte expurgé [1] *de la* Correspondance *de Voltaire. Qu'on recueille donc ces passages supprimés, tronqués, mutilés par la censure, les éditeurs ou les intéressés : nous connaîtrons ainsi beaucoup mieux nos grands écrivains, leur for intérieur, leur moi, qui est d'une si puissante tonalité chez quelques-uns d'entre eux, chez Voltaire surtout.*

En nous livrant, dans toute l'Europe, à ce genre d'investigation, un heureux hasard nous a

a enrichi le pot-pourri de Sedaine intitulé : *la Tentation de saint Antoine,* et la romance publiée sous le titre de : *Polissonnerie,* dans la *Gaudriole.* Paris, 1834, in-32, p. 486.

Voltaire est-il né à Châtenay ou à Paris ? Nous éluciderons cette question dans un travail spécial.

1. Voir ce que nous disons ci-après au sujet d'une lettre de Voltaire à Deparcieux. Le roi Frédéric, dans une lettre à d'Alembert, du 22 juin 1780, recommande d'*élaguer des œuvres de Voltaire ses sorties trop fréquentes contre les Nonotte, etc.*

*fait récemment découvrir plusieurs lettres et plu-
sieurs poésies, inédites ou incorrectement éditées,
adressées par Voltaire au grand Frédéric, à la
reine de Prusse Sophie Dorothée, à la princesse
Ulrique, à la margrave de Bareuth, au comte de
Sade, à La Condamine.*

*Ces lettres et poésies existent en originaux ou
en copies authentiques à la bibliothèque royale de
Stockholm, parmi les collections manuscrites de
la princesse Ulrique, reine de Suède.*

*Nous en devons la communication à l'extrême
obligeance de M. Klemming, conservateur de ce
dépôt, et à l'amitié d'un Suédois, français par
le cœur et par l'esprit, M. le lieutenant-colonel
Staaff, attaché militaire à la légation de Suède à
Paris et auteur d'un très-remarquable ouvrage
sur la littérature française.*

*Ajoutons, pour être juste envers tous, que les
copies [1] de ces précieux documents ont été
faites pour nous avec le plus grand soin par
M. L.-B. Bagge, bibliothécaire, sous la direction
de M. Wieselgren, conservateur adjoint à la bibliothèque royale de Stockholm.*

---

1. Notre édition des lettres de Voltaire est entièrement
conforme au texte autographe; aussi remarquera-t-on de
nombreuses fautes d'orthographe et d'accentuation. — Voltaire employait rarement la majuscule et ne ponctuait
guère ses lettres : pour la beauté du texte imprimé, nous
avons dû suppléer à ces incorrections.

La collection que nous publions se compose :.

1° D'une lettre au grand Frédéric, incorrectement éditée;

2° D'une lettre à la reine de Prusse, entièrement inédite, et fort importante pour l'histoire des relations de Voltaire avec la cour de Berlin;

3° De neuf lettres, dont sept entièrement inédites, et d'un quatrain inédit, adressés à la princesse Louise Ulrique de Prusse, sœur du grand Frédéric, plus tard reine de Suède, pour laquelle Voltaire, qui en était amoureux, fit le célèbre madrigal[1] qui commence ainsi : Souvent un peu de vérité, etc.;

4° D'une lettre à La Condamine, incorrectement publiée;

5° D'un quatrain inédit en l'honneur de la Margrave de Bareuth, sœur du roi de Prusse;

6° De vers inédits adressés au comte de Sade.

Les lettres à la princesse-reine Louise Ulrique ont surtout une importance capitale; elles complètent, en effet, l'une des parties les plus secrètes de la correspondance de Voltaire. Les précédents éditeurs n'avaient pu recueillir que trois lettres de Voltaire à cette princesse. Il est

---

1. On a beaucoup parlé de ces vers, qui, *dit-on*, indisposèrent le roi Frédéric contre Voltaire; mais que sont-ils auprès de ceux que Voltaire a intercalés dans une lettre du 7 janvier 1744 à son royal correspondant?

2

donc fort heureux que les documents que nous publions aient pu parvenir jusqu'à nous.

Voltaire, on l'a dit souvent, revit tout entier dans sa correspondance. C'est dans ces pages intimes, écrites au jour le jour, qu'il faut l'étudier, le scalper, si l'on veut approfondir la raison d'être de ses haines, de ses préférences; si l'on veut assister aussi au développement de la prodigieuse influence qu'il exerça sur ses contemporains et qui lui a survécu. Ses lettres me font l'effet de traînées de poudre semées sous les pas des puissants et qu'une étincelle va bientôt enflammer.

Dans cette correspondance volumineuse, si habilement maniée, si variée, si pétillante d'esprit, de sel attique, le roi Voltaire, dont on lirait et relirait encore les ouvrages alors même qu'on répudierait ses doctrines, nous apparaît sous la double incarnation de l'ange et du démon, sous la double figure du bien et du mal; et de tout cet ensemble de phrases courtes et nerveuses qui font de lui le premier épistolier, on ne sait trop ce qu'il faut le plus admirer, ou son étonnante facilité d'écrire, ou sa non moins merveilleuse habileté à exciter et flatter les passions humaines.

Pendant cinquante ans Voltaire refléta complétement, absolument, résolûment, en les exagérant et en les encourageant souvent, les qualités et les défauts de la société brillante et corrompue dans laquelle il vivait, et qui le faisait vivre par de grasses pensions.

Religieux et moral quelquefois, il fut le plus souvent déiste et cynique. S'il parle de l'antiquité profane, il s'épure ; s'il parle du Christ et de la religion catholique, sa doctrine se résume en ces mots : Écrasons l'infâme ! — Parfois, il a des pages sublimes où les plus exigeants ne trouveraient rien à retrancher ; mais, parfois aussi, il est infect et repoussant. Pour cette société hybride dont il partageait les soupers, il fut, en morale et en religion, tout ce qu'elle était : cynique et railleur. Malade, il raille encore l'humble prêtre dont il réclame l'assistance. Hélas ! son dernier regard au ciel bleu dut être un affreux et satanique sourire.

Pour être toujours admirable, il n'a manqué à Voltaire, a-t-on dit, qu'un ami comme Vauvenargues. Il eût été plus vrai de dire qu'il lui a manqué surtout un foyer, une femme, un enfant. Comme tant d'illustres, Voltaire est resté humainement un être incomplet, et il n'a connu de la vie que le côté purement matériel. N'est-ce point là l'unique cause, ou du moins la cause dominante de ses doutes, de ses erreurs, de ses défaillances ?

Les derniers survivants du XVIIIe siècle nous ont appris, mieux que les documents écrits, ce que le peuple, qui ne lit pas, disait Voltaire, pensait de lui.

Son esprit incommensurable, sa réputation universelle, avaient captivé tout un monde; mais cette admiration était cependant contenue et réservée. On devinait, à entendre ses contemporains, que pour eux, comme nous le croyons nous-même, Voltaire fut un mélange confus de bien et de mal.

Polémiste fougueux, ardent à l'attaque et à la défense, toujours sur la brèche, ne se croyant jamais battu, bien qu'il le fût souvent, rachetant ses insuccès à force d'esprit et d'âpreté, sachant parer tous les coups, manier dextrement l'ironie, cette arme qui, en France, tue plus sûrement que la dialectique la plus serrée, Voltaire a dû, incontestablement, semblable à certains météores, émerveiller ses contemporains; mais dès que le mirage a cessé, le hideux cortége de passions qu'il déchaînait et entraînait à sa suite est apparu aux yeux un instant éblouis de la multitude, et, s'il a fait 1789, nul n'ignore aujourd'hui que le grand coupable a fait aussi 1793.

Les derniers du siècle que nous avons connus, et dont nous venons d'invoquer le témoignage, le savaient et le disaient à leurs heures d'épanche-

ment, eux qui avaient été les témoins de cette
grande époque, fertile en hommes, qui s'est en-
gloutie dans la boue et dans le sang.

Quelque sévère qu'on doive être pour Voltaire
lorsqu'on envisage froidement l'étendue du mal
que ses doctrines ont fait à la religion catholique et à la société française, il ne faut pas oublier
cependant que c'est à lui que nous devons, du
moins en partie, la liberté de penser, cette précieuse conquête arrachée aux gibets de Montfau-
con et aux bûchers de l'Inquisition. Aujourd'hui
encore son nom est resté dans les souvenirs popu-
laires comme un épouvantail pour le despotisme,
et certains ne le prononcent qu'avec terreur. Ses
excès et ses exagérations mêmes prouvent de
quelle soif de justice il était embrasé, et après
avoir lu ses plaidoyers en faveur des infortunés
Calas et Sirven, l'antique devise des Perses, que
Voltaire semble avoir voulu renouveler, revient
involontairement à la mémoire : Justice du haut
du ciel aux profondeurs des mers ! Emprisonné à
vingt-deux ans, traqué, calomnié, insulté, chassé
de France, Voltaire a bien pu, par ressentiment,
transformer quelquefois ses écrits en œuvres de
vengeance ; mais, tels qu'ils sont, et malgré tous
les Zoïles, ils resteront, sans conteste, l'admiration des âges futurs. A dater de Voltaire, par
lui et pour lui, notre littérature se répand sur

tous les points du globe, et c'est du même jour, et grâce encore à lui, que l'histoire des États de l'Europe devient en quelque sorte populaire et accessible à tous. Ceci, à défaut d'autres qualités, suffit amplement, sans doute, pour mériter et justifier les suffrages de la postérité. Reconnaissons loyalement, au reste, que 1872, malgré des revers passagers, vaut bien 1772.

VICTOR ADVIELLE.

Paris, 15 août 1872.

N. B. Je prie les possesseurs de lettres et de poésies autographes de Voltaire de vouloir bien m'adresser une copie exacte des pièces inédites et me signaler les variantes qu'ils constateront entre les originaux et les textes imprimés. J'utiliserai ces documents pour d'autres travaux sur Voltaire.

LETTRE A FRÉDÉRIC

ROI DE PRUSSE

Sur l'affaire de la *Diatribe* (contre Maupertuis),
en janvier 1753 [1].

SIRE,

CE que j'ai vu dans les Gazettes,
est-il croyable? Quoi! on abuse
du nom de Votre Majesté pour
empoisonner les derniers jours d'une vie

1. D'après une copie authentique qui existe dans les collections de la princesse-reine Louise-Ulrique, à la bibliothèque de Stockholm; n° 47. Inexactement reproduite dans
la correspondance de Voltaire. Cette lettre, d'après Avenel,
est datée de Leipsick. Voltaire, à qui Frédéric avait écrit:
« Votre effronterie m'étonne », venait de quitter Berlin pour
toujours.

que je vous avois consacrée. Quoi! l'on avance que je vous ai averti que Konig ecrivoit contre vos ouvrages. Ah! Sire, il en est aussi incapable que moi. Votre Majesté sait ce que je lui en ai ecrit. Je vous ai toujours dit la verité, et je vous la dirai jusqu'au dernier moment de ma vie. Je suis au desespoir de ne point etre allé à Bareith. Une partie de ma famille qui va m'attendre aux eaux me force d'aller chercher une guerison que vos bontés seules pourroient me donner. Je vous serai toujours tendrement devoué quelque chose que vous fassiez. Je ne vous ai jamais manqué, je ne vous manquerai jamais. Je reviendrai à vos pieds au mois d'octobre. Si la malheureuse avanture de la Beaumelle n'est point vraye, si Maupertuis en effet n'a point trahi le secret de vos soupers et ne m'a point calomnié pour exciter la Beaumelle contre moi, s'il n'a pas été par haine l'auteur de mes malheurs, j'avouerai que j'ai été trompé et je lui demanderai pardon devant Votre Majesté et le public. Je m'en ferai une vraye gloire. Mais si la lettre de la Beaumelle est vraye, si les faits

sont constatés, si je n'ai pris d'ailleurs le
parti de Konig qu'avec toute l'Europe lit-
teraire, voyés, Sire, ce que les philosophes
Marc Aurèle et Julien auroient fait en pa-
reil cas. Nous sommes tous vos serviteurs.
Vous auriés pu d'un mot tout concilier.
Vous êtes fait pour etre notre juge, et non
notre adversaire. Votre plume respectable
eut été dignement employée à nous ordonner de tout oublier. Mon cœur vous re-
pond que j'aurais obéï. Sire, ce cœur est encore à vous. Vous savés que l'enthousiasme
m'avoit amené à vos pieds; il m'y rame-
nera. Quand j'ai conjuré Votre Majesté de
ne plus m'attacher à elle par des pensions,
elle sait bien que c'étoit uniquement pre-
ferer votre personne à vos bienfaits. Vous
m'avés ordonné de recevoir ces bienfaits,
mais jamais je ne vous serai attaché que
pour vous meme, et je vous jure entre les
mains de Son Altesse royale Mme la Margrave de Bareuth, par qui je prends la
liberté de faire passer ma lettre, que je vous
garderai jusqu'au tombeau les sentiments
qui m'amenerent à vos pieds, quand je
quittois tout ce que j'avois de plus cher,

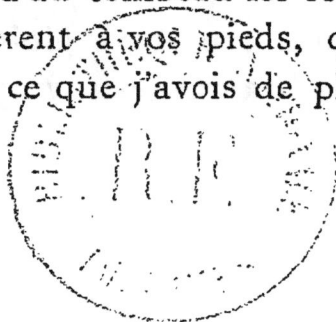

3

et quand vous me jurates que vous daigne-
riés toujours m'aimer.

Je suis, etc.

VOLTAIRE.

LETTRE A LA REINE DE PRUSSE

SOPHIE DOROTHÉE

MÈRE DU GRAND FRÉDÉRIC [1]

A Paris, ce 7 janvier 1744.

Madame,

J'ECRIS en vers au Roy, et à son Altesse Royale; mais la poésie ne me fournit rien d'assez fort pour remercier Votre Majesté. J'auray devant les yeux toutte ma vie ce portrait de la meilleure Reine, de la meilleure mere qui soit au monde. J'ay reçu tres tard ce present qui renferme à la fois tout ce que nous avons de plus auguste et de plus aimable,

---

1. 7 janvier 1744. — Original. — Inédite. — On ne connaît pas d'autre lettre de Voltaire à cette reine de Prusse.

et je me hāte d'en remercier Votre Majesté à l'instant que je le reçois. Je luy demande tres humblement pardon de n'avoir point joint à mes œuvres, que jay pris la liberté de lui envoyer, cette tragédie de Zulime dont j'avois eu l'honneur de luy reciter deux actes ; mais je l'ay baucoup retravaillée pour la rendre moins indigne d'etre presentée à cette assemblée de deesses à qui j'ay eu le bonheur de faire verser quelques larmes. Toutte mon ambition, Madame, est de venir mettre moy meme tout ce que j'ay fait aux pieds de Votre Majesté, et de travailler desormais sous ses yeux. Je ne veux peindre que des vertus, et surtout des vertus aimables; cest donc dans l'attelier de Montbijou quil faut absolument que je travaille. Il est bien dur d'être loin de ses modeles. Cela glace le genie. Votre Majesté sait avec quelle passion je désire de pouvoir passer dans sa cour le reste de ma vie [1].

1. Cet aveu de Voltaire mérite d'être remarqué. Il l'a renouvelé plusieurs fois.—Voir notamment, ci-après, la lettre à la princesse Ulrique du 13 novembre 1743, et une lettre à Frédéric, de l'année 1750, t. VI, p. 522, de l'édition Avenel. — V. A.

Je suis avec le plus profond respect et la plus vive reconnaissance, Madame, de Votre Majesté, le tres humble et tres obeissant serviteur.

VOLTAIRE.

LETTRES ET QUATRAIN

Adressés à la princesse Louise Ulrique de Prusse, sœur de Frédéric, reine de Suède, mère de Guillaume III[1].

(1742-1772.)

————

I. — Original. Défectueusement imprimée[2].

Madame,

C E n'est donc pas assez d'avoir perdu le bonheur de voir et d'entendre Votre Altesse Royale : il faut encor que l'admiration vienne à trois

1. Les neuf lettres que nous publions représentent assurément la presque-totalité, peut-être même la totalité de la correspondance de Voltaire avec la princesse-reine Ulrique, qui les conservait précieusement et les avait fait transcrire dans des recueils à son usage personnel. Sept de ces lettres sont entièrement inédites ; les deux autres sont connues depuis longtemps, mais le texte imprimé diffère en plusieurs endroits de celui que nous donnons d'après les originaux. L'édition Avenel renferme, outre ces deux dernières lettres, un petit billet, non daté, de Voltaire à la princesse Ulrique, devenue reine de Suède (1774, nº 6819). — V. A.

2. Dans l'édition Avenel, cette lettre est datée à tort du 13 *novembre* 1743. — V. A.

cents lieues augmenter mes regrets ! Quoy, Madame, vous faittes des vers ! et vous en faittes comme le roy votre frere ! Cest Apollon qui a les Muses pour sœurs : l'une est une grande musicienne, l'autre daigne faire des vers charmans, et touttes sont nées avec tous les talents de plaire. Cest avoir trop d'avantages ; il eut suffi de vous montrer.

> *Quand l'amour forma votre corps,*
> *Il luy prodigua ses trésors*
> *Et se vanta de son ouvrage.*
> *Les Muses eurent du depit ;*
> *Elles formerent votre esprit*
> *Et s'en vanterent davantage.*
> *Vous etes, depuis ce beau jour,*
> *Pour le reste de votre vie*
> *Le sujet de la jalousie*
> *Et des Muses et de l'Amour.*
> *Comment terminer cette affaire ?*
> *Qui vous voit croit que les appas,*
> *Sans esprit, suffiroient pour plaire ;*
> *Qui vous entend ne pense pas*
> *Que la beauté soit necessaire.*

J'avois bien raison, Madame, de dire que Berlin est devenue Athenes. Votre Altesse Royalle contribue bien à la metamorphose ; c'est le temps des jours glorieux et des beaux jours. Cest grand dommage que je n'aye pas à mon service ces trois cent mille hommes que je voulois pour vous enlever ; mais jauray plus de trois cent mille rivaux [1] si je montre votre lettre.

N'ayant donc point encor de trouppes pour devenir votre sultan, je crois que je n'ay d'autre party à prendre que de venir etre votre esclave : ce sera la seconde place du monde. Je me flatte que Sa Majesté la Reine mere ne s'offensera pas de ma déclaration ; elle y entre pour beaucoup. Je voudrois vivre à ses pieds comme aux vôtres ; j'avoue que je suis trop amoureux de la vertu, du veritable esprit, des beaux arts, de tout ce qui regne à votre cour, pour ne luy pas consacrer le reste de ma vie. Le Roy sait à quel point j'ay toujours desiré de finir aupres de luy ma vie ; je lutte actuellement contre ma destinée pour venir enfin etre, pour toujours, le témoin de ce que j'admire de trop loin. Croyez-moy, Madame, on ne trompe point les princesses qu'on veut enlever : mon unique objet est tres serieusement [2] d'etre votre courtisan

1. L'édition Avenel dit à tort *vivants* au lieu de *rivaux.* — V. A.
2. Dans l'édition Avenel, il y a *sincèrement* au lieu de

4

pour le reste de ma vie. Là où sont les Dieux il faut que soient les sacrificateurs.

Je suis avec beaucoup plus qu'un profond respect de Votre Altesse Royale, Madame, le tres humble et tres obeissant serviteur.

VOLTAIRE.

A Paris, fauxbourg Saint-Honoré, ce 22 décembre (1742?).

II. — ORIGINAL MUTILÉ. INÉDITE.

Le prélat de Lubec sur le trone élevé
Vivra donc comme j'ay rêvé.
Ah! que luy serviroit la grandeur souveraine?
Quel triste et froid bonheur s'il n'étoit votre époux?
Il faut quand on est Roi, vous obtenir pour Reine,
Et quand on est sujet, il faut l'etre de vous.

IL fera sans doute moins froid, Madame, à Stokolm, quand vous y regnerez, et alors je viendray faire ma cour à Votre Majesté. Je

très-sérieusement, et la lettre finit après le mot *courtisan.* — V. A.

ne plains dans cet evenement que la reine
Christine, qui va être eclipsée. Vous ferez
en Suede ce que le Roy votre frere fait à Berlin : vous ferez naitre les beaux arts. Que
ne suis-je assez heureux pour me trouver
dans la foule de ceux qui verront votre
couronnement ! Je fais de loin des vœux ;
mais je suis, de loin comme de pres, avec
le plus profond respect et l'attachement le
plus inviolable, de Votre Altesse Royale,
Madame, le tres humble et tres obeissant
serviteur.

VOLTAIRE.

A Cirey-en-Champagne, ce 1er may 1744.

III. — Original. Défectueusement imprimée [1].

A Paris, ce 2 may 1745.

Madame,

'AY eu la consolation de voir icy M. Hourleman [2], dont j'estropie peut être le nom, mais qui n'estropie pas les notres, car il parle français comme Votre Altesse Royale; il m'a assuré, Madame, du souvenir dont vous daignez m'honnorer, et il augmente, s'il se peut, mes regrets et mon attachement pour votre personne. Je n'ay jamais eu plus de plaisir que dans sa conversation; il ne m'a cependant rien apris de nouveau : il m'a dit combien Votre Altesse Royale est idolatrée de toute la Suede. Qui ne le sait pas, Madame, et qui ne plaint pas les pays que vous n'em-

1. Dans l'édition Avenel, cette lettre n'est point datée et se trouve classée à tort parmi la correspondance du mois de mai 1750 (n° 1609). — V. A.
2. *Esourleman*, dans l'édition Avenel. — V. A.

bellissez point? Il dit qu'il n'y a plus de glaces dans le nord, et que je n'y trouveray que des zephirs, si jamais je peux aller faire ma cour à Votre Altesse Royale. Rempli la nuit de ces idées, je vis en songe un fantosme d'une espece singuliere.

> *A sa juppe courte et legere*[1],
> *A son pourpoint, à son collet,*
> *Au chapeau chargé d'un plumet,*
> *Au ruban ponceau qui pendoit*
> *Et pardevant et parderriere,*
> *A sa mine galante et fiere*
> *D'amazone et d'aventuriere,*
> *A ce nez de consul romain,*
> *A cette fierté*[2] *d'heroïne,*
> *A ce grand œil tendre et hautain,*
> *Soudain je reconnus Christine.*
> *Cristine des arts le soutien,*
> *Cristine qui ceda pour rien*
> *Et son royaume et votre eglise,*
> *Qui connut tout et ne crut rien,*
> *Que le Saint Pere canonise,*
> *Que damne le Luterien,*
> *Et que la gloire immortalise.*

Elle me demanda si tout ce qu'on disoit

1. Cette pièce de vers a été publiée incorrectement, en 1751, par M. Arckenholtz, dans ses *Mémoires concernant Christine, reine de Suède*, t. II, p. 293. — Voltaire se plaint, dans une lettre à un membre de l'Académie de Berlin (Potsdam, 15 avril 1752), de ce que ledit Arckenholtz avait *estropié* et *falsifié* ce poëme, dont il donne la copie. Or, cette copie n'est pas si conforme à l'original que la copie dite falsifiée par Arckenholtz. — V. A.
2. L'édition Avenel porte : *A ce front altier d'héroïne,*

de madame la princesse royale etoit vray. Moy qui n'avois pas l'esprit assez libre pour adoucir la verité, et qui ne faisois pas reflexion que les dames et quelques fois les reines peuvent être un peu jalouses, je me laissay aller à mes transports, et je luy dis que Votre Altesse Royale etoit à Stokolm comme à Berlin, les delices, l'esperance et la gloire de l'Etat. Elle poussa un grand soupir et me dit ces mots :

> Si comme elle j'avois gagné
> Les cœurs et les esprits de la patrie entiere,
> Si comme elle toujours j'avois eu l'art de plaire,
> J'aurois toujours voulu regner [1].
> Il est bau [2] de quitter l'autorité suprême,
> Il est encor plus bau d'en soutenir le poids.
> Je cessay de regner pouvant donner des loix.
> Ulric regne sans diadéme,
> Je descendis pour m'élever.
> Je recherchois la gloire, et son cœur la merite;
> J'etonnay l'univers, qu'elle a su captiver.
> On a pu m'admirer, mais il faut qu'on l'imite.

Je pris la liberté de luy repondre que ce n'étoit pas la un conseil aisé à suivre; elle

et ajoute, après le 8e vers, cet autre vers : *Moins beau que le nôtre et moins fin.* -- V. A.

1. M. Avenel, dans son édition de Voltaire, a remplacé ce vers par celui-ci qui est plus correct : *Christine aurait toujours régné.* — V. A.

2. Voir ci-après le renvoi de la pièce IX.

cut la bonne foy d'en convenir. Il me
parut qu'elle aimoit toujours la Suede, et
que c'etoit la veritable raison pour laquelle
elle vous pardonnoit toutes vos grandes
qualitez qui feront le bonheur de sa patrie.
Elle me demanda si je n'irois point faire
ma cour à Votre Altesse Royale, dans ce
beau palais que M. Hourleman vous fait
bâtir. Descartes vint bien me voir, dit-
elle; pourquoy ne feriez - vous pas le
voyage?

Ah! luy dis je! belle immortelle,
Descartes, ce reveur dont on fut si jaloux,
Mourut de froid aupres de vous,
Et je voudrois mourir de vieillesse aupres d'elle.

On me dira peut-etre, Madame, que
je rêve toujours en parlant à Votre Altesse
Royale, et que mon second rêve ne vaut
pas le premier [1]. Il est bien sur au moins
que je ne rêve point quand je porte envie
à tous ceux qui ont le bonheur de vous voir
et de vous entendre, et quand je proteste
que je seray toute ma vie, avec un attachement inviolable et avec le plus profond

1. Allusion au célèbre madrigal : *Souvent un peu de*
vérité, etc. — V. A.

respect, de Votre Altesse Royale, Madame,
le tres humble et tres obeissant serviteur.

VOLTAIRE.

IV. — ORIGINAL. INÉDITE.

Christine par l'esprit, Gustave par le cœur,
Regnez, embélissez, affermissez le trone;
Le Russe en ses deserts en pâlit de terreur,
Minerve dans Berlin felicite Bellone,
Et toutes deux ont dit, allons vers notre sœur,
Son empire est le notre, et cest nous qu'on couronne.

Madame,

PERMETTEZ que parmy tant de voix qui applaudissent [1] et qui souhaittent à Votre Majesté un regne heureux, la voix d'un ancien serviteur se fasse entendre.

Que ne pui je ressembler à Descartes qui alla se mettre aux pieds de Christine!

[1]. Voltaire félicite par cette lettre la princesse Ulrique de son avénement au trône de Suède. — V. A.

Soufrez qu'au moins je presente un tribut
à Votre Majesté. C'est un recueil [1] qu'on
sest avisé d'imprimer à Dresde, et dont jay
corrigé touttes les fautes à la main ; il est
rempli d'additions et de changements. Il
ny a au monde que deux exemplaires ainsi
corrigez, l'un pour un heros digne detre
votre frere, l'autre pour son auguste sœur.
C'est par cette rareté seule que cet ouvrage
mérite peut etre d'etre honoré d'une place
dans la bibliotheque de Votre Majesté. Si
on veut admirer ce qui est rare en effet
par soy meme, et ce qui est d'un prix ines-
timable, il faut ou aller à Stokolm, ou etre
à Potsdam. Il y a longtemps que jay vu
une epitre charmante que l'Apollon de
Prusse a fait pour la Pallas de Suede.
Apres un tel tribut payé par une divinité
à une autre, comment un profane oseroit-
il parler, soit en vers, soit en prose?

1. La lettre de Voltaire était accompagnée d'un exemplaire de ses *Œuvres*, édition de Dresde, 1748-1750. Cet
exemplaire se trouve actuellement dans la bibliothèque
royale de Stockholm, et contient plusieurs corrections et
additions autographes de l'auteur, écrites en marge ou sur
des morceaux de papier fixés sur le feuillet. Il a été, depuis,
tenu compte de ces corrections et additions dans les éditions postérieures des mêmes œuvres. — V. A.

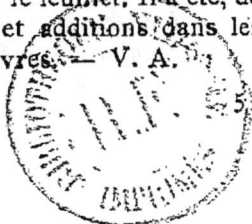

Je suis avec le plus profond respect,
Madame, de Votre Majesté, le tres humble
et tres obeissant serviteur.

VOLTAIRE.

A Potsdam, ce 22 avril 1751.

—————

V. — ORIGINAL. INÉDITE.

Berlin, 25 aoust 1751.

Reine auguste, Reine cherie,
De vos glaçons ne parlez plus.
Des longtemps je les crois fondus
Par le feu de votre génie.
Jespere encor dans mes vieux ans
Venir des rives de la Sprée
Admirer vos soins bienfaisants
Dans votre ville hiperborée.
Jy trouveray les dons charmans
Dont Flore en Grece fut parée[1],
C'est vous qui faites le printemps.

Si les dieux jaloux enleverent
Descartes à vos regions;

1. Ce vers est en trop. On trouve dans les poésies de
Voltaire plusieurs licences de ce genre. — V. A.

Qu'il s'en prenne à ses tourbillons :
Entre ses mains ils se gelerent.
Il ne put jamais arranger
Cette machine aérienne,
Et les destins pour se vanger
Détruisirent bientot la sienne.
Je suis cloué pour le present
Au tourbillon de votre frere,
Tourbillon de gloire brillant
Et plein d'atomes de lumiere.
Le votre éclate bien autant.
Ce seroit un beau coup à faire
Que d'aller, sans etre transi,
D'un coin du ciel de Sans-Souci
Devers votre étoile polaire.
Mon Roy n'en sera point jaloux,
Son avis fut toujours le votre,
Et quitter Federic [1] pour vous
C'est quitter un dieu pour un autre.

Mon cœur est occupé, Madame, du desir de faire ma cour à Votre Majesté, de la reconnaissance que je dois aux marques de son souvenir et de ses bontez, et du profond respect avec lequel je suis, Madame, de Votre Majesté, le tres humble et tres obeissant serviteur.

VOLTAIRE.

1. Dans ses lettres à Voltaire, le grand Frédéric signe toujours FEDERIC. Voltaire le désigne aussi avec cette orthographe. (V. notamment L. du 27 mars 1759, n° 344.) — V. A.

VI. — Copie dans les collections de la reine
Ulrique. Inédite.

Berlin, le 9 février 1752[1].

VOTRE Majesté est accoutumée à recevoir des productions de Potsdam. Il est juste que celles que le Maitre[2] vous envoye soient les meilleures. Mais daignés recevoir avec indulgences les hommages d'un des moindres habitans de ce sejour, où l'on chante continuellement des himnes à votre gloire. Je mets à vos pieds ces premices; c'est l'histoire d'un siecle glorieux, et semblable à celui que Votre Majesté va faire naitre. L'ouvrage ne sera publié de longtems, et je commence par en faire hommage à Votre Majesté. Il est plein de verités, et les verités ont quelque fois des ennemis.

1. Cette lettre accompagnait l'envoi que Voltaire faisait de son *Siècle de Louis XIV* à la princesse Ulrique, alors reine de Suède. — V. A.
2. Frédéric.

Mais si l'Étoile du Nord
Favorise cet ouvrage,
Il doit arriver au port
Sans redouter le naufrage.

J'ay l'honneur d'être avec un profond respect, etc.

VOLTAIRE.

VII. — ORIGINAL. INÉDITE.

Potsdam, ce 25 aoust (1752).

Madame,

Louis XIV ne savait pas tout le bien qu'il devait me faire un jour : il m'attire de la part de Votre Majesté des bontés qui sont assurément la recompense la plus flateuse de mes ouvrages. Je n'attends pas le moment de ma convalescence pour remercier Votre Majesté de ma main ; j'attendrais peut-être trop longtems, et mes sentimens ne peuvent tarder à se manifester.

Dans le grand nombre des services que Votre Majesté rend à ses roiaumes, on comptera sans doute le soin qu'Elle prend de rassembler tous les matériaux d'une bonne histoire. Il faut avouer qu'Elle y est intéressée plus que personne. Ce qu'Elle fait aujourd'hui ne sera pas l'époque la moins glorieuse de la Suède : on y verra la gloire de cet État soutenue, les divisions appaisées, le commerce, autrefois inconnu, commençant à fleurir. Le canal qui va joindre les deux mers est un ouvrage aussi prodigieux pour le moins que celui qui a fait tant d'honneur à Louis XIV. L'état où je suis ne me permet gueres d'espérer d'être témoin de ces merveilles, mais il ne m'empêche pas de le désirer passionément.

Je suis bien faché que le tome dans lequel j'aurais pu faire usage de la lettre du prince de Condé soit déjà imprimé. Si on fait encore par la suite quelques nouvelles éditions, je tâcherais d'y insérer ce monument que je tiens des bontés de Votre

Majesté. J'aurai l'honneur de lui envoier celle que l'on fait actuellement, et pour épargner son tems qui est précieux, j'aurai soin de marquer avec un sinet les nouveaux articles qui pouront mériter d'Elle un coup d'œuil, comme l'*Homme au masque de fer*, la *Paix de Rîswick*, le *Testament de Charles II*, roi d'Espagne, le *Mariage clandestin* du fameux Bossuet, évêque de Meaux, et enfin des pièces fort singulières, écrites de la main de Louis XIV, dont j'ai eu des copies autentiques.

Je réitère mes profonds respects, ma reconnaissance et mon attachement inviolable à Votre Majesté.

Je me mets avec veneration à ses pieds.

Le malade VOLTAIRE.

———

VIII. — ORIGINAL. INÉDITE.

Au chateau de Tourney, par Geneve, 9 avril 1759.

Madame,

L E Roy votre frere m'a ordonné de payer ce triste tribut à la mémoire de Mme la Markgrave de Bareith [1]. Je sçais qu'il aime Votre Majesté pour le moins autant qu'il aimait celle qu'il regrette aujourdui. J'obeis à ses intentions et aux sentiments de mon cœur en mettant aux pieds de Votre Majesté ce faible monument qu'il a voulu que j'élevasse à une sœur qui etait digne de vous, et qui était ornée de quelques unes de vos vertus. Puissent ces vertus, madame, vous procurer sur le trône une félicité qu'on ne trouve gueres ny sur le trone ny ailleurs. Je ne vois gueres que des calamitez dans ce monde. Il me semble qu'il était moins

1. Sœur de Frédéric.

malheureux et moins pervers quand je fai-
sais ma cour à Votre Majesté à Montbijou.
Je vis retiré dans un pays tranquile dont
les orages n'aprochent point. J'y acheve ma
vie en paix, mais il ny a point de jour où
je ne fasse des vœux pour la prospérité de
la votre.

Je suis avec le plus profond respect, Madame, de Votre Majesté, le tres humble et
tres obeissant serviteur.

Voltaire, *comte de Tourney.*

IX. — Original. Inédite.

A Ferney, 31ᵉ janvier 1772.

Madame,

LE Roy votre frère a daigné me
faire savoir avec quelle bonté
vous avez daigné lui parler de
moi. Plut à Dieu que je pusse achever ma

vie à vos pieds et aux siens. Je n'ai jamais tant regretté Berlin que lorsque Votre Majesté y est réunie avec son auguste famille. Elle doit y jouir de tout le bonheur que la tranquilité peut ajouter à la gloire. Sœur de héros et mère d'un Roi digne d'elle, entourée de sceptres et de lauriers, goutez longtems tous les avantages de la situation la plus brillante de la terre entiere.

Daignez agréer, Madame, mes vœux ardents pour la continuation de toutes vos prospérités, et permettez que la faible voix d'un vieux solitaire se mêle à toutes celles qui benissent la destinée en prononçant votre nom.

Je suis avec un profond respect, Madame, de Votre Majesté, le tres humble et tres obeissant serviteur.

Voltaire.

X. — Original. Inédit.

QUATRAIN [1]

A Son Altesse Royale madame la princesse Ulric.

L'esprit et la bauté [2] reçoivent mon hommage.
Ah! si j'avois ecrit au pied de leur autel,
De vivre aupres de vous si jeusse eu l'avantage,
Vous auriez embelli l'ouvrage
Et rendu l'auteur immortel.

1. Dans un exemplaire des *Œuvres mêlées de M. de Voltaire* (Genève, 1742, in-12, t. Ier), que possède la bibliothèque royale de Stockholm. Cet exemplaire contient aussi des corrections autographes de la main de Voltaire.—V. A.

2. Voltaire écrivait *bau*, *bauté*, pour beau, beauté. Voir ci-devant les vers de la lettre cotée III. — V. A.

LETTRE A M. DE LA CONDAMINE

Membre de l'Académie royale des sciences, qui s'étoit arrêté pendant quelques semaines à Amsterdam, en revenant de Chily, où il étoit allé pour reconnoître la figure de la terre [1].

Votre stile, Monsieur [2], n'est point d'un homme de l'autre monde; votre cœur pourroit bien en etre. Vous vous souvenés de vos amis et ce n'est

1. D'après une copie faisant partie des collections de la princesse Louise-Ulrique, à Stockholm. Cette lettre a été reproduite dans l'édition Avenel (n° 1328), sous la date de Versailles, 7 janvier 1745. Le texte est différent du nôtre en plusieurs endroits. — V. A.

2. La Condamine, célèbre astronome, se rendit, en 1736, à l'Équateur, pour déterminer la figure de la terre; il fut ensuite retenu au Pérou jusqu'en 1744. On a neuf lettres de Voltaire à La Condamine; mais, antérieurement à celle-ci, nous n'en connaissons qu'une : elle est du 22 juin 1734. Plusieurs lettres de Voltaire à cet astronome sont perdues. La Condamine s'étant rangé du parti de Maupertuis contre Voltaire, lors de la fameuse querelle connue sous le nom de la *Diatribe*, n'eut plus sans doute de relations suivies avec ce dernier. Voltaire lui écrivit cependant encore le 8 mars 1771. — V. A.

pas trop la mode de cet hemisphere. Il est
vrai que vous etes fait pour en etre excepté.
Il s'en faut bien qu'on vous ait oublié pendant que vous etiez sur la montagne de
Pitchincha. Vous avés dû jouir du plaisir
d'occuper de vous les deux moitiés du
globe. Revenés donc vite à Paris, et faites
vous peindre comme M. de Maupertuis
applatissant la terre d'un côté, tandis qu'il
la presse de l'autre. On ne dira plus que *la
figure de ce monde passe* [1]; vous l'avés fixée
pour jamais. Il est question de vous fixer
aussi à la fin, et de venir jouir du fruit de
vos travaux, et surtout qu'on ne puisse pas
dire du succès de votre voyage :

Tout leur bien du Perou n'étant que du cacquet.

Je vous ai ecrit plusieurs fois, et surtout
quand [2] votre ancien ami et le mien vivoit
encore. Que vous trouverés [3] d'honettes

1. Ép. aux Corinth., VII.
2. L'édition Avenel porte : « Quand *M. Dufaï*, votre ancien ami, etc. » Voltaire parle dans sa lettre à La Condamine, du 22 juin 1734, de ce personnage, qui mourut en
1739, après avoir été membre de l'Académie des sciences et
intendant du Jardin du Roi. —V. A.
3. L'édition Avenel ajoute en cet endroit le mot *ici*, et à
la suite de la phrase ces mots : *Que vous trouverez de
choses changées !* — V. A.

gens de moins et de sottises de plus! Je me
suis fait un tant soit peu physicien, pour
etre plus digne de vous recevoir; mais c'est
madame Du Chatelet, qui merite toute
votre attention en qualité de sublime géo-
metre. Elle s'est mise à eclaircir Leibnitz,
ce qui est tres difficile, et moi à embrouil-
ler Newton, ce qui est aisé. Mais elle a eté
mieux imprimée que moi, et l'édition de
mes *Elements de Newton* est entierement
ridicule. Gardés vous bien d'en lire un
mot. J'aurai l'honneur de vous en presen-
ter à Paris une moins mauvaise.

Je conçois que vous devés etre retenu à
La Haye par les agremens de la societé.
Vous devés surtout etre bien contant de
notre ministre, de la Ville [1]. Vous aurez sans
doute fait des grands diners chés M. le général de Debrosses. Vous aurés dit des
galanteries espagnoles à Mme de Saint-Gilles. Vous aurés vu mon cher et respectable
ami [2] M. de Podewils, l'envoyé de Prusse;
il étoit bien malade lorsque vous etes ar-

1. M. de la Ville, ministre de Prusse à La Haye. Il en
est encore parlé dans une lettre de Voltaire au roi de
Prusse, n° 115. — V. A.

2. Nous n'avons qu'une lettre de Voltaire au comte de

rivé à La Haye, et j'ai peur qu'il n'ait pu jouir du plaisir de vous entretenir [1]. La Haye est un des endroits de la terre où j'aimerois mieux vivre, mais je donne encore la preference à Paris, où je vous attens avec toute l'impatience de l'amitié, tres independante de celle de la curiosité. Vous me trouverés aussi maigre [2], aussi rempli d'attachement pour vous. Je ne vous traite point comme un homme de l'autre monde. Point de compliments ; je reprens mes anciens erremens. Il n'y a point eu de deux mille lieuës entre nous.

Je vous embrasse de tout mon cœur, comme vous le permettiés autrefois, etc.

Podewils; elle est du 3 octobre 1743. — Le général de Brosses et Mme de Saint-Gilles, dont il est ici parlé, ne sont pas cités parmi ses correspondants. — V. A.

1. L'édition Avenel porte *entrevoir*, ce qui est assurément une incorrection. — V. A.

2. *Aussi malade que vous m'avez laissé*, ajoute l'édition Avenel. — V. A.

QUATRAIN

Sur l'anniversaire du mariage de la margrave
de Bareuth.

Aujourdhui l'himen le plus tendre
D'un mortel a comblé les vœux.
Qui peut Vous voir et Vous entendre
Est, apres lui, l'homme le plus heureux.

(Inédit. — Copie dans les collections de la reine Louise-
Ulrique; n° 47 du catalogue de la bibliothèque de Drott-
ningholm.)

VERS A M. LE COMTE DE SADE

Qui venoit d'épouser Mlle de Carman, et partoit pour
l'armée d'Italie.

Vous suivés donc les étendarts
De Bellone et de l'himenée?
Vous vous enrollés cette année
Avec Carman, avec Villars.

7

Le doyen des Heros [1], *une beauté novice,*
Vont vous occuper tour à tour,
Et vous nous apprendrés un jour
Quel est le plus rude service
Ou de Villars ou de l'amour.

(Inédit. — Copie dans les mêmes collections.)

---

1. M. de Villars, doyen des maréchaux de France. Le comte de Sade était l'un de ses aides de camp. — On trouve dans les *Œuvres de Voltaire* (t. VI, p. 633, édit. Avenel) une petite pièce de vers, datée de 1735, adressée « à M. .., qui était à l'armée d'Italie ». Beuchot croit qu'il s'agit encore ici du comte de Sade. — V. A.

FRAGMENTS INÉDITS

D'UNE

LETTRE DE VOLTAIRE A DEPARCIEUX

SUR LES EAUX DE PARIS

Sauvée de l'incendie du ministère des finances.

————

'ÉDILITÉ parisienne songea à diverses époques, mais surtout au XVIIIᵉ siècle, à rendre plus confortable pour tous la *grand'ville* d'Henri IV.

Parmi ceux qui se préoccupèrent alors de l'hygiène de la ville de Paris, il faut citer en première ligne le modeste et savant Antoine Deparcieux [1], membre de l'Académie des sciences et

1. Né près de Nîmes en 1703, mort à Paris le 2 septembre 1768. — Successivement membre de l'Académie des

auteur célèbre des *Tables de probabilité de la durée de la vie humaine.*

Aussi la municipalité de Paris, reconnaissante même d'une entreprise non réalisée, a donné le nom de ce savant à l'une des rues de la grande cité : c'était justice, car Deparcieux est mort victime de son zèle désintéressé pour le bien public.

Le 13 novembre 1762, Deparcieux lut, en assemblée générale de l'Académie des sciences, un

sciences de Montpellier, de Paris, de Berlin, de Stockholm. — Il demeurait à Paris, rue de Bourbon (faubourg Saint-Germain), n° 36.

Outre son *Mémoire sur les eaux de Paris*, Deparcieux a publié les ouvrages suivants, qui firent sensation dans le monde savant :

1° *Essai sur les probabilités de la durée de la vie humaine.* — Paris, chez les frères Guérin, rue Saint-Jacques, vis-à-vis les Mathurins, à Saint-Thomas-d'Aquin, 1746. In-4 de vj-132 p. et xxij p. pour les tables. (Le privilége est accordé à *Hypolyte Louis Guérin, libraire.*)

2° *Objections faites à M. Deparcieux sur son livre des probabilités de la durée de la vie humaine, avec les réponses à ces objections.* S. l. n. d., ni nom d'imprimeur [1747], 16 p. in-4.

3° *Addition à l'essai sur les probabilités de la durée de la vie humaine.* Paris, chez H.-L. Guérin et L.-F. Delatour, rue Saint-Jacques, à Saint-Thomas-d'Aquin, 1760. In-4 de 34 p.

4° *Traité des annuités.* Paris, chez l'auteur, 1781. In-4 de 148 p. pour le texte, 12 p. (gravées sur cuivre) pour les tables et 6 p. pour la table raisonnée et les errata.

On trouve son *Éloge* dans les *Mémoires de l'Académie des sciences de Paris* (1769), dans ceux de l'Académie de Montpellier (1774) et dans le *Nécrologe des hommes illustres* (1770).

Mémoire [1] *sur la possibilité d'amener à Paris, à la même hauteur à laquelle arrivent les eaux d'Arcueil, mille à douze cents pouces d'eau, belle et de bonne qualité, par un chemin facile et par un seul canal ou aqueduc.*

Ce hardi projet, longtemps élaboré, consistait à conduire à l'endroit le plus élevé de Paris, par un canal de six à sept lieues de long, la petite rivière de l'Yvette, « pour être distribuée, de là, dans tous les quartiers, afin d'en laver perpétuellement les rues, toujours trop infectées, et rendre par ce moyen l'air salubre ». C'était, ajoutent

1. Mémoire lu à l'assemblée publique de l'Académie royale des sciences, le samedi 12 novembre 1762. A Paris, de l'Imprimerie royale, 1763. In-4 de 60 p. et plan.

Seconde édition : A Paris, de l'Imprimerie royale, 1764. In-4 de IV-65 p. et 11 p. pour : Addition, dans laquelle on fait voir que les eaux de toutes les petites rivières qui composent la Seine et autres grandes rivières ont le goût de marais qu'on trouve à l'eau de l'Yvette.

Second mémoire sur le projet d'amener à Paris la rivière d'Yvette, lu à l'assemblée publique de l'Académie royale des sciences, le mercredi 12 novembre 1766. A Paris, de l'Imprimerie royale, 1767. In-4 de 50 p.

Troisième mémoire sur le projet d'amener l'Yvette à Paris, lu dans les assemblées particulières de l'Académie des sciences de l'année 1767. A Paris, de l'Imprimerie royale, 1768. In-4 de 52 p. et addition d'une page.

(Bibl. du minist. des finances, n° 1575 du catalogue.)

On trouvait, reliés dans le même volume, la copie du temps (dont nous avons pris également copie avant l'incendie) d'une *Lettre critique du projet de M. Deparcieux* (Paris, 18 octobre 1764, 6 p. in-4), ainsi que les trois opus-

les chroniqueurs du temps, « renouveler en quelque sorte la magnificence de l'ancienne Rome ».

Les eaux de l'Yvette avaient été analysées par d'éminents chimistes, et la Faculté de médecine elle-même avait jugé, le 10 novembre 1766, que ces eaux « pouvoient fournir une boisson salubre aux habitants de Paris ».

L'attention publique fut naturellement dirigée pendant quelque temps vers ce projet, et le mémoire précité « fut reçu comme il méritoit de l'être par les citoyens éclairés ; mais ceux dont ce projet contrarioit les vues usèrent de leur influence [1]

cules suivants, dont le premier surtout est d'une insigne rareté :

— *Prospectus d'un établissement pour procurer de l'eau pure à Paris* (sans nom d'auteur ni d'organisateur). Paris, Simon, imprimerie du Parlement, 1768, 4 p. in-8.

— *Eaux de la Seine clarifiées à la pointe de l'isle Saint-Louis.* Paris, chez Knapen et Delaguette, libraires-imprimeurs, pont Saint-Michel, 1768, 6 p. in-4. (Clarification effectuée au moyen d'une machine inventée par le sieur Dufaud.)

— *Projet d'une pompe publique pour la ville de Paris* (signé : Berthier, prêtre). Paris, de l'imprimerie de Chardon, 1769, 16 p. in-8.

L'abbé Berthier nous paraît l'unique auteur de ces trois brochures.

1. Le Français, *né malin,* rit et se moque de tout. Il se moqua donc à cœur joie de l'infortuné Deparcieux, qu'on chansonna, vaudevillisa, ridiculisa. On fit circuler notamment, contre ceux qui tentèrent plus tard de reprendre en sous-œuvre le projet de Deparcieux, un petit écrit sous ce titre : *la Folie du jour, ou Dialogue entre un Français et un Anglais sur les eaux de Paris.* Londres (Paris ?), 1785, broch. in-8.

pour le faire échouer ». De sorte que Deparcieux fit en vain appel au souverain, aux capita-
listes, à la municipalité; il ne reçut de toutes
parts que de platoniques encouragements. Son
projet fut enfin approuvé en principe; mais il
était trop tard : le chagrin avait tué Deparcieux.

De sa retraite de Ferney, Voltaire, l'épistolier
par excellence, daigna s'intéresser au projet de
Deparcieux, et lui écrivit sur ce sujet deux lettres
qui ont été reproduites dans les recueils de sa
volumineuse correspondance.

La seconde en date est du 17 juin 1768.

Un heureux hasard nous avait fait découvrir,
dans la bibliothèque du ministère des finances,
avant l'incendie du mois de mai 1871, qui a dé-
truit cette précieuse collection, et parmi plusieurs
brochures de Deparcieux, une copie manuscrite [1]
du temps de cette seconde lettre.

Notre copie est plus complète que les textes
imprimés; elle renferme notamment un post-
scriptum relatif à Delalande; et, comme les parties retranchées par les éditeurs de la correspondance de Voltaire affirment la pensée de cet
écrivain et présentent dès lors un double intérêt
historique et philologique, nous croyons utile

---

1. Cette copie avait été faite, sans nul doute, d'après l'original. En tête se trouvaient ces mots : *Coppie d'une lettre
de Voltaire à M. Deparcieux.*

de rééditer en entier cette lettre, rien de ce qui est sorti de la plume du célèbre philosophe ne devant, selon nous, être soustrait à l'examen de la postérité.

Voici donc le texte complet de la lettre de Voltaire à Deparcieux. Nous reproduisons en italique les mots omis dans l'édition Beuchot et dans celle que M. Georges Avenel vient d'éditer à un bon marché sans précédent dans les annales de la librairie.

A Ferney, le 17 juin 1768 [1].

JE déclare, monsieur, les Parisiens des Welches intraitables et de francs badauds, s'ils n'embrassent pas votre projet. Je suis, de plus, assez mécontent de Louis XIV, qui n'avait qu'à dire JE VEUX, et qui, au lieu d'ordonner à l'Yvette de couler dans toutes les

1. Cette lettre a dû être publiée, pour la première fois, dans les journaux du temps. Nous la trouvons ensuite reproduite exactement, comme dans les éditions Beuchot et Avenel, aux pages 381-382 d'un livre devenu assez rare, qui a pour titre : *Epîtres, Satires, Contes, Odes et Piéces fugitives du poëte philosophe, dont plusieurs n'ont point encore paru.* A Londres, 1771. In-8. — Toutefois, dans ce recueil, elle est ainsi datée : « Au château de Ferney, le.....
1768 », tandis que sur la copie du ministère des finances elle est datée de *Ferney, le* 17 *juin.* A cette époque, Voltaire mentionnait rarement l'*année;* il se bornait, comme dans notre copie, à dater ses lettres du lieu de sa résidence, en indiquant le *jour* et le *mois* seulement.

maisons de Paris, dépensa tant de millions
au canal *inutile* de Maintenon.

Comment les Parisiens ne sont-ils pas
un peu piqués d'émulation quand ils en-
tendent dire que presque toutes les maisons de Londres ont deux sortes d'eaux
qui servent à tous les usages? Il y a des
bourses très-fortes [1] à Paris, mais il y a peu
d'âmes FORTES. Cette entreprise serait
digne du gouvernement; *il taille aux Parisiens leurs morceaux comme à des enfans
à qui on ne permet pas de mettre la main au
plat ;* mais *le gouvernement* a-t-il six millions à dépenser, toutes charges payées?
C'est de quoi je doute fort. Ce seroit à ceux
qui ont des *milliers* [2] de QUARANTE
ÉCUS [3] de se charger de ce grand ouvrage;
ils y gagneraient encore; mais l'incertitude
du succès les effraye, le travail les rebute
et les filles de l'Opéra l'emportent sur les
naïades de l'Yvette. Je voudrais qu'on pût

1. Ce mot est en italique dans les éditions Beuchot et
Avenel, et dans le recueil précité de 1771.
2. Les textes imprimés disent *millions*, ce qui est peut-
être excessif.
3. Allusion à *l'Homme aux quarante écus*, ouvrage de
Voltaire.

les accorder ensemble. Il est très-aisé d'avoir de l'eau et des filles.

Comment *M.* [1] *Bignon*, le prévôt des marchands, d'une famille chère aux Parisiens, *et* qui aime le bien public, ne fait-il pas les derniers efforts pour faire réussir un projet si utile ? On bénirait sa mémoire. Pour moi, monsieur, qui ne suis qu'un laboureur à QUARANTE ÉCUS [et] [2] aux pieds des Alpes, que puis-je faire ? sinon de plaindre la ville où je suis né et conserver pour vous une estime très-stérile. Je vous remercie, en qualité de Parisien ; et quand mes compatriotes cesseront d'être Welches, je les louerai en

1. Le texte manuscrit porte, comme il convient, *M.*, tandis qu'il y a *Monsieur* dans le texte imprimé de Beuchot.

Il manque au texte imprimé de Beuchot et d'Avenel le mot *Bignon*, ce qui explique l'annotation, en renvoi, après *marchands*, de la note suivante : « Le prévôt des « marchands était, depuis 1764, Armand-Jérôme Bignon, « qui était aussi bibliothécaire du roi. 1711 - 1772. »

2. Cette conjonction *et* n'existe que dans le texte imprimé ; en outre, les mots *au pied* des textes Beuchot et Avenel sont au pluriel dans le texte manuscrit. Beuchot sépare les mots *faire* et *sinon* par une virgule. Nous mettons là un ? comme le porte le manuscrit et comme l'exigent les règles de la ponctuation. C'est pour les mêmes motifs que nous avons remplacé par un . le ? du texte imprimé après le mot *stérile*.

mauvaise prose et en mauvais vers tant
que je pourrai.

*J'ai l'honneur d'être, avec tous les sen-
timents que vous méritez, etc., serviteur.*

VOLTAIRE.

*Si M. Delalande [1] est à Paris, je vous
supplie de vouloir bien lui présenter mes
remercîmens et mes respects.*

Depuis la découverte de cette copie de la lettre
de Voltaire à Deparcieux, nous l'avons bien des
fois lue, relue, commentée, comparée avec les
textes imprimés où elle figure incomplétement,
et elle a corroboré nos précédentes observations,
à savoir que, soit par la faute des premiers éditeurs, soit en raison des exigences de la censure,
nous n'avons qu'un texte tronqué, altéré, expurgé, de la correspondance de Voltaire. Là en
effet où, comme dans notre copie, le philosophe
de Ferney porte un jugement sur le gouvernement royal, la censure est impitoyablement in-
tervenue pour biffer et raturer les épreuves ou le
manuscrit servant à la composition. C'est ainsi

1. Delalande (Pierre-Antoine), naturaliste, membre de
l'Académie des sciences. 1787-1821.

que du texte donné par Beuchot, par exemple,
qui n'a fait, au reste, que reproduire le plus souvent ses devanciers, l'on a, à propos du canal de
Maintenon, supprimé le qualificatif *inutile*, et, un
peu plus loin, cette longue phrase si voltairienne,
mais si acerbe, sur les *morceaux* que le gouvernement *taille aux Parisiens*. Nous n'avons donc,
nous pouvons l'affirmer hautement, qu'un texte
incomplet de certaines parties de la correspondance de Voltaire. En comparant le texte que
nous donnons avec ceux des précédentes éditions, l'on reconnaîtra qu'il est regrettable que
cette correspondance ait subi fanatiquement de
telles mutilations.

On pourrait objecter — nous y avions pensé
tout d'abord — que ce que les premiers éditeurs
de Voltaire ont retranché de sa correspondance
offre peu d'intérêt; que ces suppressions de
mots, de phrases, ont eu sans doute pour but de
rendre plus correct, plus parfait, le style de quelques lettres; mais il nous semble que Voltaire
est assez universellement admiré comme écrivain, pour n'avoir pas à redouter le reproche
puéril que pourraient lui adresser, pour certaines
négligences de style, quelques Frérons littéraires.
Dans tous les cas, nous pensons que les premiers
éditeurs, s'ils ont eu en mains un texte aussi
complet que le nôtre, auraient dû au moins res-

pecter et reproduire l'inoffensif post-scriptum
relatif au naturaliste Delalande : il y a là citation
de nom, ce qui est toujours fort précieux pour
l'histoire, parfois si obscure, des relations de
Voltaire.

Deparcieux, avons-nous dit, est mort victime
de son amour passionné pour le bien. Il fut
aussi la victime de sa trop grande susceptibilité.
Homme public, s'adressant à un public léger ou
hostile, Deparcieux n'était point, paraît-il, de
taille à affronter la discussion. Il croyait trop
naïvement à l'excellence de son projet pour ac-
cepter sans répugnance le *crapaud* que Champ-
fort conseille aux écrivains d'avaler chaque matin
avant de lire les *papiers publics*.

Voici, en effet, une note intime qui nous ré-
vèle l'état de l'âme de Deparcieux; nous l'avons
trouvée jointe à la lettre précitée de Voltaire :

« Ce respectable et vertueux citoyen,
dont la mémoire sera chère à tous les hon-
nêtes gens, qui n'a connu ni l'intrigue, ni
la cabale, ni les menées, qui a éloigné de
son esprit toutes les idées philosophiques
du tems et qui a vécu bien avec tout le
monde, étant doué de la plus grande dou-
ceur de mœurs jointe à un fond de simpli-

cité dans le caractère, avait grandement
pris à cœur le succès de son projet d'amener l'Yvette à Paris. Mais ne se voyant pas
écouté, toutes ses peines, pour lesquelles
il ne prétendoit aucun honoraire, devenant
vaines, il prit un fond de chagrin qui, joint
à quelques petites préférences injustes dans
l'Académie, augmentèrent son mal et le
conduisirent, sur la fin de 1768, à la mort.
M. Guerin, mon b. p. [beau-père], a imprimé sa *Trigonométrie* et ses *Probabilités*, deux beaux ouvrages.

« En 1769, le roi a donné son approba-
tion au projet de M. Deparcieux, et le conseil a décidé qu'il auroit son exécution.
Cette décision, venue une année plus tôt,
auroit rendu la vie à M. Deparcieux, qui
ne désiroit que cela. »

Qui est l'auteur de cette note manuscrite con-
temporaine de Deparcieux? Sachant, par cette
note même, que le rédacteur était l'un des gendres de l'imprimeur Guérin, nous avons fait appel aux connaissances spéciales d'un ami, M. Alkan
aîné, dont la vie s'écoule en travaux variés sur
l'histoire de l'imprimerie. C'est à lui que nous
devons les intéressants détails qui suivent :

« La famille Chéron, éteinte depuis longtemps, était assez nombreuse. On y trouve
des libraires, des imprimeurs et des im-
primeurs-libraires.

« Guérin (Louis), né à Bray-sur-Seine,
libraire le 7 septembre 1683, adjoint de la
communauté le 12 mai 1698, marguillier
de Saint-Benoist le 1er janvier 1705, syndic
le 17 juin 1705, mort en 1719, et inhumé
en la paroisse Saint-Benoist.

« La veuve de Louis Guérin fut reçue
libraire en 1719; elle exerça probablement
jusqu'en 1726, car on ne la rencontre plus
en 1727.

« Guérin (Hippolyte-Louis), le premier
fils de Louis et gendre de N. Osmont (Osmont était allié à la famille Delaguette,
dont il existe encore des descendants à
Versailles [Seine-et-Oise]), né à Paris le
14 avril 1698, reçu libraire le 22 février
1718, marguillier de Saint-Benoît en 1741,
reçu imprimeur le 18 mars 1752 (son imprimerie était située rue de Sorbonne),
mort le 7 novembre 1765, rue Saint-Jacques, sur la paroisse Saint-Benoît.

« Il était fort instruit. Une foule d'ouvrages, supérieurement imprimés, sont sortis de ses presses. — Il était lié avec les écrivains les plus remarquables de son temps.

« Guérin (Jacques), deuxième fils de Louis. Reçu libraire le 13 juillet 1722, imprimeur le 26 avril 1729, adjoint le 5 octobre 1743, mort le 3 janvier 1753, rue du Foin-Saint-Jacques, sur la paroisse Saint-Séverin.

« Il était imprimeur de Mesdames Royales.

« Guérin (fille aînée de Louis), femme de Rochard (François), en 1712.

« Guérin (fille de Hippolyte-Louis), femme de Delatour (Louis-François), en 1745.

« Delatour était un imprimeur de beaucoup de réputation ; il devint secrétaire du Roi. »

Ces derniers mots : *il était secrétaire du Roi*, mirent fin à nos investigations. Guérin eût deux filles : l'aînée épousa un imprimeur, qui resta imprimeur ; l'autre épousa un imprimeur, qui devint secrétaire du Roi. C'est donc de ce dernier qu'émane la petite note ci-dessus, et c'est à lui, très-certainement, puisque des deux gendres de Guérin il était le mieux en situation de favoriser le projet de l'Yvette, que Deparcieux adressa la seconde édition de son mémoire, avec la lettre ci-après, que nous reproduisons d'après l'original retrouvé également par nous au ministère des finances :

« Monsieur, outre l'addition à la première édition de mon mémoire, la seconde contient quelque chose de plus, répandu en différents endroits, et personne ne doit l'avoir de préférence à vous. Recevez cet exemplaire ; en le parcourant, vous trouverez aisément ce qu'il contient de plus. Donnez la première avec l'addition à quelqu'un qui en fasse le même usage que vous. Si j'en faisois une troisième, il y auroit encore plusieurs bonnes raisons de plus et vous l'auriez des premiers, pour vous marquer mon sincère attachement et mon respect pour votre façon de penser, avec lesquels je suis très-sincèrement, Monsieur, v. t. h. et ob. serviteur.

« DEPARCIEUX. »

« Ce 5 décembre 1764. »

Voici quelques renseignements sur Delatour, gendre de Guérin, dont il vient d'être parlé :

« Louis-François Delatour, né à Paris, le 8 avril 1727, mort le 6 avril 1807, probablement dans sa retraite à la campagne, était un littérateur très-distingué, un excellent bibliographe et un ami des arts. Il exerça pendant longtemps la profession d'imprimeur-libraire, et ne se retira du commerce que pour se livrer tout entier à son goût pour les lettres et les arts, et cette passion se développa davantage chez lui lorsqu'il devint secrétaire du Roi. La Chine attira tout particulièrement son attention ; aussi forma-t-il un cabinet extrêmement curieux d'objets d'origine chinoise, et publia, sous le voile de l'anonyme, comme du reste ses autres ouvrages : *Essais sur l'architecture des Chinois, leurs jardins, leurs principes de médecine et leurs mœurs et usages*, avec des notes. Paris, 1803, in-8, divisé en deux parties et tiré seulement à 36 exemplaires. »

On doit encore à Delatour :

I. — Catalogue des livres imprimés et manuscrits de la bibliothèque de M. de La-moignon, président à mortier du parlement de Paris, avec une table alphabétique des auteurs (rédigé par L.-F. Delatour). 1770, in-fol.

Une note écrite de la main de M. Dela-tour, dit M. Barbier, *Dictionn. des Anon.*, et jointe à l'exemplaire que je possède, renferme les détails suivants :

« Cet exemplaire est le plus complet des suppléments faits après l'édition qui a été imprimée en 1770 : c'est celui qui est resté entre les mains de M. le garde des sceaux jusqu'après son décès, en 1789.

« J'ai rédigé ce catalogue sur un manu-scrit dont les titres n'étaient qu'ébauchés ; je leur ai rendu, dans ma solitude chérie de Saint-Brice, les détails qui leur étaient nécessaires, sans cependant me transporter à Barville ; mais en consultant pénible-ment et patiemment les meilleurs cata-logues, dont j'étais abondamment pourvu, et en me conformant aux années d'éditions qui devaient être mes guides assurés, j'ai ajouté une table commode des auteurs et des anonymes.

« On n'a tiré que 15 exemplaires de ce catalogue, imprimé par moi en 1770 (sur papier de coton fabriqué à Angoulême).

« L'édition en trois volumes in-8, faite pour la vente en 1791, avait subi des retranchements considérables, dont les ouvrages se trouvent dans les suppléments de l'édition in-folio. »

II.— *Les Petites Nouvelles parisiennes*, par L.-F. Delatour, imprimeur à Paris. *Paris, Delatour,* 1750, in-18, format carré.

Rare. Tiré à petit nombre et non mis dans le commerce.

III. — Suite et arrangement des volumes d'estampes connus sous le nom de *Cabinet du Roi,* imprimée sur l'édition du Louvre en 1727, in-fol. et réduite au format in-8.

Tiré à 6 exemplaires.

IV.— Delatour a imprimé une plaquette

d'une excessive rareté : *Vie d'Hipp.-E. Guérin, imprimeur,* par l'abbé Brotier (1788), in-8, tiré seulement à 12 exemplaires.

Delatour y a joint des notes et un catalogue sommaire des principaux livres imprimés par Guérin. — En 1812 parut un supplément des notices sur la vie de Jacques Guérin, ainsi que sur celles de Gabriel Martin et de son fils.

On cite parmi les belles et correctes éditions sorties des presses de Delatour le *Tacite* de la traduction du même abbé Brotier.

Imprimé par D. JOUAUST

POUR LA COLLECTION

DU CABINET DU BIBLIOPHILE

SEPTEMBRE 1872

OCCVPA PORTVM

IOV AVST